Vergeben lernen

Ein gutes Leben ist die beste Rache.
—George Herbert

Das hat weh getan! Jeder kennt Situationen, in denen er von anderen Menschen verletzt, verraten oder im Stich gelassen wurde. Das schmerzt – oft noch lange nach dem Ereignis. Wie kann man diesen Schmerz überwinden und vielleicht sogar zu einem Neuanfang in der Beziehung finden?

Um diese Fragen geht es in diesem Quadro. Vergebung ist eine zeitlose Praxis, um erlittenes Unrecht loszulassen und das Herz neu zu öffnen. Zu allen Zeiten haben Menschen die Kraft der Vergebung und Versöhnung erlebt. Nelson Mandela, der 27 Jahre lang vom südafrikanischen Apartheid-Regime gefangen gehalten wurde, ist ein lebendiges Zeugnis für die Kraft der Vergebung. Er vergab den Menschen, die ihm Unrecht getan hatten, und führte ein ganzes Land zu einem Neuanfang.

So dramatisch ist es in unserem Leben meist nicht. Das Unrecht, das wir erleiden, besteht oft in Dingen wie Mobbing, Anschuldigungen, Anklagen, Verlusten. Das macht es jedoch nicht weniger schmerzhaft. Jedes Unrecht – egal wie klein oder wie groß – ist schmerzhaft und braucht Lösung.

Lösung von den Gedanken, die immer wieder um das erlittene Unrecht kreisen und einfach nicht loslassen können. Lösung von den schmerzhaften Gefühlen, die damit verbunden sind. Und Lösung für die Hoffnungs- und Perspektivlosigkeit, die oft mit erlittenem Unrecht einhergeht.

Vergebung ist ein wirksamer Weg, mit erlittenem Unrecht umzugehen. Sie befreit von den kreisenden Gedanken und bietet Linderung für verletzte Gefühle. Vergebung löst aus der Hoffnungslosigkeit. Dieser Weg bietet viele Chancen, ist aber nicht einfach zu beschreiten. Selbst Menschen, die eigentlich gerne vergeben wollen, wissen oft nicht, wie es geht. Ihnen ist nicht klar, was sie konkret tun können, um zu vergeben. Um mehr Klarheit in diese Fragen zu bringen, habe ich dieses Quadro geschrieben.

Zu Anfang gibt es einen Überblick darüber, was Vergebung ist – und was nicht.

Im zweiten Teil steht der Wert der Vergebung im Zentrum. Dort beschreibe ich, welchen Nutzen Vergebung hat. Das war mir deshalb wichtig, weil manche Menschen versuchen, aus Pflichtgefühl (»Ich sollte das tun!«) zu vergeben. Das macht Vergeben eher schwerer. Der Blick auf das, was man vom Vergeben hat, kann den Schritt hingegen erleichtern.

Welche Haltungen, Denkmuster und Einstellungen beim Vergeben helfen können, wird im dritten Teil erläutert.

Im letzten Teil geht es schließlich darum, wie Vergebung ganz praktisch und konkret geschehen kann. Es ist eine Art »Fahrplan« zur Vergebung, den man im eigenen Leben anwenden kann.

Dies ist ein sehr persönliches Quadro. Das Leben hat es sich nicht nehmen lassen, mir jede Menge echten Stoff dafür zu bieten. Gerade als ich anfing zu schreiben, erlebte ich eine persönlich sehr verletzende und irritierende Situation. Das Erlebte hat mich tief getroffen. Es gab mir – unfreiwillig – die Chance, all das, was ich hier geschrieben habe, selbst noch einmal durchzubuchstabieren und auszuprobieren.

Der Text stammt aus meiner Feder. Die Leser meines Blogs **www.kerstinpur.de** haben mich inspiriert und intensiv mit mir darüber diskutiert. Darüber hinaus habe ich von dem Seminar »Die Kunst des Vergebens« von Prof. Arnold Retzer profitiert. Ihnen allen herzlichen Dank.

Es ist schlimm genug, dass uns Unrecht geschieht. Wir müssen unser Leben nicht auch noch dadurch verderben lassen, dass wir es ewig mit uns herumschleppen. Ich wünsche mir, dass dieses Quadro dir dabei hilft, ein gutes Leben zu leben. Denn das ist die beste Rache!

—*Kerstin Hack*

Tipps zur Anwendung

■ Dieses Quadro ist in 28 Kapitel aufgeteilt. Du kannst vier Wochen lang täglich einen Abschnitt lesen und umsetzen. Wenn dich ein Kapitel besonders anspricht, dann lies es mehrfach.

■ Es ist sinnvoll, die Kapitel fortlaufend zu lesen, da sie thematisch aufeinander aufbauen.

■ Am Ende jedes Abschnittes findest du Fragen. Nimm dir Zeit, darüber nachzudenken und sie ehrlich zu beantworten. Was schriftlich ist, wird konkret. Deshalb empfehle ich dir, die Fragen schriftlich zu beantworten und dir Notizen zu machen, wie du die Handlungsimpulse umsetzen möchtest. Du kannst dafür ein einfaches Notizbuch verwenden oder *Mein Quadro*, das wir speziell für die Quadro-Serie entwickelt haben.

■ Es könnte für dich hilfreich sein, das Quadro gemeinsam mit einem Partner, Freunden oder einer Gruppe zu lesen, um euch darüber auszutauschen. Punkte, über die man miteinander redet, werden oft klarer und wirken nachhaltiger.

■ Ich empfehle dir, die zitierten Bibelstellen im Zusammenhang zu lesen.

■ Wer passiv konsumiert, bleibt passiv. Frage dich nach jedem Lesen: Welchen Impuls aus diesem Abschnitt würde ich als den wichtigsten für mich beschreiben, wenn ich jemandem davon erzählen würde?

■ Nimm dir einige Minuten Zeit, um mit Gott oder anderen über das Gelesene zu reden – dadurch wird es besser verankert.

■ Um eine bleibende Verhaltensänderung zu erreichen, müssen neue Wege eingeübt werden. Schreibe dir auf, welche Schritte für dich während der Lektüre hilfreich geworden sind. Übe zuerst den Schritt ein, der dir am wichtigsten erscheint. Nimm die Liste in der folgenden Zeit immer wieder zur Hand, um dich für einen neuen Schritt zu entscheiden.

■ Versuche nicht, alle Schritte auf einmal zu gehen. Veränderung geschieht nicht von heute auf morgen. Erlaube dir selbst, in deinem eigenen Tempo zu lernen und in Freiheit hinein zu wachsen. Schritt für Schritt.

Woche 1 • Was Vergebung (nicht) ist

1.1

Mein Herr, ich bitte Sie um Verzeihung, ich tat es nicht mit Absicht.

—Marie Antoinette

(Letzte Worte zu ihrem Henker, dem sie auf den Fuß getreten war.)

Vergeben ist nicht Verzeihen

Wenn man sich einem Thema nähert, ist es erst mal wichtig, zu klären, worüber man spricht. Mit dem Begriff »Vergebung« verbinden Menschen viele unterschiedliche Dinge. Deshalb möchte ich zuerst einmal deutlich machen, was ich darunter verstehe. Und auch, was Vergeben meiner Meinung nach nicht ist.

Vergeben ist nicht Verzeihen

Wenn einem ein Mensch auf den Fuß tritt, bittet er um Verzeihung oder Entschuldigung. Es ist die Bitte darum, ihm nachzusehen, dass er – meist unabsichtlich – etwas Dummes gemacht hat. Verzeihen ist für »Kleinkram«. Für all die kleineren Unachtsamkeiten und unbeabsichtigten Verletzungen, die wir uns im Laufe das Alltags zufügen. Bei denen wir einfach »Schwamm drüber!« sagen können. Weil wir nicht erwarten, dass der andere wiedergutmacht, was er angerichtet hat. Man könnte Verzeihen auch mit Nachsicht gleichsetzen. Man hat Verständnis dafür, dass der andere eben auch Fehler macht.

Verzeihen ist für die Dinge geeignet, die uns zwar ärgern, aber nicht in der Tiefe unserer Seele treffen. Das Zuspätkommen eines Freundes, ein kalt gewordenes Essen usw. Es ist quasi das Pflaster für kleine Wunden. Vergebung hingegen ist wie eine Operation. Es ist eine Maßnahme, die wir dann anwenden können, wenn uns etwas tief verletzt und getroffen hat. Bei einer Schürfwunde wäre eine Operation völlig übertrieben. Bei tiefen Verletzungen hingegen wäre es verrückt, sie nur mit dem Pflaster des Verzeihens zu bedecken.

Denk mal

Worin besteht für dich der Unterschied zwischen Verzeihen und Vergeben? Was kannst du nicht leicht verzeihen?

Mach mal

Achte darauf, wie oft du Situationen erlebst, in denen jemand (auch du selbst) um Verzeihung bittet. Was kennzeichnet diese Situationen?

Vergebung kann den Neubeginn einer Beziehung einleiten – oder den Abschied von der Beziehung.

—Kerstin Hack

Vergeben ist nicht Versöhnen

Manche Menschen setzen Vergebung mit Versöhnung gleich. Ich finde es sehr wichtig, das klar zu trennen, weil es sich um zwei verschiedene Dinge handelt. Da wird eine Frau, deren Mann sie betrogen und verraten hat, von wohlmeinenden Menschen aufgefordert, ihm doch zu vergeben. Sie meinen aber eigentlich: »Du solltest ihm nicht nur vergeben, sondern auch zu ihm zurückkehren!«

Vergebung macht den Weg zur Versöhnung frei. Ob Menschen diesen Weg dann gehen, hängt jedoch von verschiedenen Faktoren ab. Dass man einem Menschen vergeben hat, heißt nicht, dass man ihm auch wieder vertrauen kann. Vertrauen kann nur dann wiederhergestellt werden, wenn der andere sich dessen würdig erweist. Tut er das nicht, dann ist eine Wiederherstellung der Beziehung nicht möglich.

Es kann auch sein, dass einem ein Mensch plötzlich nicht mehr viel bedeutet, wenn man ihm erstmal vergeben hat. Ein Mann erzählte auf einem Seminar Folgendes: »Vor etwa 20 Jahren hat mein Vater zu mir gesagt: ›Wenn ich mich von einem Kind scheiden lassen könnte, dann würde ich mich von dir scheiden lassen.‹ Seit 20 Jahren kämpfe ich darum, dass er das zurücknimmt. Die Auseinandersetzung darüber ist eigentlich das einzige, was uns noch verbindet. Ich weiß nicht, ob er mir überhaupt noch etwas bedeutet, wenn ich ihm vergeben habe.« Vergeben kann den Weg zur Versöhnung öffnen, aber auch den Weg zur Trennung – in Frieden. Je nachdem.

Denk mal

Hast du schon erlebt, dass ein Mensch dir nicht mehr so wichtig war, nachdem du ihm vergeben hattest?

Mach mal

Liste die Beziehungen auf, die durch dein Nicht-Vergeben beeinträchtigt sind. Versuche einzuschätzen, wie sich Vergebung auf sie auswirken könnte.

1.3

Vergeben ist nicht Vergessen

Das ist vergeben und vergessen.
—Deutsches Sprichwort

Auf Vergeben kann Vergessen folgen. Wenn sich eine Situation gelöst hat, kann es sein, dass man tatsächlich vergisst. Man kann sich wirklich nicht mehr erinnern, was eigentlich das Problem gewesen ist.
Nur der umgekehrte Weg funktioniert nicht. Man kann nicht aktiv vergessen. Häufig versuchen Menschen zu vergessen, doch das funktioniert nicht sonderlich gut. Meist wird das, was man vergessen will, nur in eine innere Ecke geschoben. Weil es eben noch nicht bewältigt ist, meldet es sich. Im besten Fall mit Erinnerungen, die signalisieren: »Hier ist etwas noch nicht gelöst.« Im schlimmsten Fall mit gesundheitlichen Problemen und psychosomatischen Störungen.
Um vergeben zu können, braucht man Klarheit, was konkret geschehen ist. Das setzt Erinnerungsvermögen voraus. Es ist beim Vergeben hilfreich, wenn man präzise benennen kann, worin die Verletzung bestand, die der andere einem zugefügt hat. Und was man als Ausgleich erwartet. Ein schnelles Wegwischen (»Ach, das war doch nichts«!«) wird der Sache nicht gerecht. Es ist wie ein überdeckendes Pflaster, dass das Problem nicht löst. Es hilft vielleicht eine kleine Weile, den Schmerz zu verdrängen und bei Seite zu schieben. Doch es heilt den Schmerz nicht in der Tiefe. Vergeben zu haben heißt nicht, dass man sich an das Geschehene nicht mehr erinnern kann. Es bedeutet vielmehr, es bewältigt zu haben und trotz der Erinnerung Frieden gefunden zu haben.

Denk mal

Was kannst du leicht verzeihen? Was nicht? Worin besteht (für dich) der Unterschied?

Mach mal

Wenn du möchtest, verzeih gleich einige Handlungen, die du leicht verzeihen kannst.

1.4 Vergeben ist nicht klein beigeben

Erst nachgeben, dann nachtragen?
—Beat Rink

■ Manchmal wird Vergebung schnell ausgesprochen, weil man eine weitere Eskalation des Konfliktes fürchtet. Man »vergibt«, um das Problem aus der Welt zu schaffen. Aus Angst vor weiteren Konflikten. Oder man hält es für seine menschliche Pflicht, alles sofort zu vergeben. Vergebung ist aber nichts Kleines, das man eben mal so erledigt. Wenn man überstürzt und halbherzig »vergibt«, verpasst man das befreiende Gefühl, das sich bei echter Vergebung einstellt. Es bleibt ein schaler Nachgeschmack.

Wenn einem Unrecht geschieht, sagen Leute oft, man müsse doch auch »die andere Wange hinhalten.« Es ist wichtig, zu verstehen, dass Jesus dazu aufgefordert hat, die *andere* Wange hinzuhalten. Wenn einem jemand die andere Wange hinhält als die, auf die man zuerst geschlagen hat, kann man nicht mit der Handfläche schlagen. Man muss den Handrücken nehmen. Mit dem Handrücken schlug man zur Zeit Jesu jedoch nur Tiere und Sklaven.

Hält man jemandem die andere Wange hin, heißt das also gerade nicht »klein beigeben«. Es signalisiert vielmehr: »Du überschreitest eine Grenze. Du behandelst mich wie einen Hund.« Damit steht man für die eigene Würde ein. Man signalisiert sich selbst, dem Täter und anderen Menschen, dass es sich nicht um eine Kleinigkeit handelt. Vielmehr macht man deutlich, dass man derartiges Verhalten nicht akzeptiert. Damit steht man in der eigenen Würde. Man signalisiert dem anderen: »Hier hast du Grenzen überschritten. Hier begehst du Unrecht.«

■ **Denk mal**

Wo hast du vorschnell »vergeben«/klein beigegeben? Wie fühlte sich das an?

■ **Mach mal**

Welchen Menschen solltest du sagen: »Hier sind meine Grenzen. Dieses oder jenes Verhalten empfinde ich als Unrecht.«? Schreibe sie auf.

Mein Gestern spricht: »Die Rache ist mein«. »Die Nachsicht ist mein«, spricht mein Morgen.

—Marc Flint

Vergeben ist nicht gerecht

■ Gerechtigkeit ist für die meisten von uns ein hoher Wert. Kinder protestieren häufig sehr nachdrücklich: »Das ist aber nicht gerecht!« Haben wir Unrecht erlebt, versuchen wir Gerechtigkeit wiederherzustellen. Anzuklagen, auf Ausgleich zu pochen oder Rache zu üben, sind Versuche, Gerechtigkeit wiederherzustellen. Doch das wird immer scheitern, denn hundertprozentige Gerechtigkeit ist eine Illusion.

Was wäre wohl Gerechtigkeit, wenn jemand versehentlich deinen Bruder totgefahren hat? Seinen Bruder totfahren? Ist das ein echter, gerechter Ausgleich? Ist ein absichtliches Überfahren das gleiche wie ein versehentliches Töten bei einem Unfall?

Wir Menschen haben keinen hundertprozentigen Maßstab, um Gerechtigkeit zu messen. Deswegen droht bei Unrecht immer Eskalation. Der Kreislauf von Rache und Gegenrache und Rache für die Gegenrache hört nie auf. Im Alten Testament wurde dieser Eskalation Einhalt geboten: Man durfte dem anderen maximal das antun, was er getan hatte. »Wenn er dir (versehentlich) ein Auge oder einen Zahn rausgehauen hat, darfst du ihm maximal das gleiche antun. Auge um Auge. Zahn um Zahn. Aber nicht mehr.« Man musste das aber nicht tun. Der alternative Weg war – auch damals – auf »Gerechtigkeit« zu verzichten. Und stattdessen zu vergeben.

Vergebung ist eine Maßnahme, die außerhalb des Gerechtigkeitssystems steht. Vergebung ist nicht gerecht. Vergebung ist ein Geschenk.

■ **Denk mal**

In welchen Situationen pochst du (innerlich) auf Gerechtigkeit? Wie fühlt sich das an?

■ **Mach mal**

Schreibe auf: Welches Unrecht wurde dir angetan? Was erwartest du als Ausgleich?

Vergebung heißt: Du kannst nicht wiedergutmachen, was geschehen ist. Was geschehen ist, ist vorbei. Aber ich öffne durch Vergebung eine Tür in die Zukunft.
—Kerstin Hack

1.6 Vergebung ist Verzicht

Viele der Worte, die Jesus für Vergebung verwendete, sind sehr pragmatisch. Sie bedeuten etwas wegtragen, hochheben, wegschicken, weglegen oder in Bewegung bringen.

Vergebung ist im Kern der freiwillige Verzicht auf Ausgleich. Man verzichtet darauf, die Ansprüche, die man an andere noch stellt, erfüllt zu bekommen.

Oft denken wir, jemand müsse doch ausgleichen, was er uns angetan hat. Doch die andere Person tut es nicht. Weil sie es nicht so sieht, weil sie es nicht will oder kann.

Wo Dialog möglich ist, ist es sinnvoll, nach Möglichkeiten des Ausgleichs zu suchen. In einem offenen Gespräch kann manches geklärt werden. Doch Dialog ist nicht immer möglich. Manchmal kann oder will der andere das Unrecht, das man selbst empfindet, nicht sehen. Oft hat er eine andere Perspektive. Oder er ist emotional oder ganz praktisch nicht ansprechbar.

Und selbst wenn Dialog möglich ist, ist Ausgleich dennoch nicht immer eine Option. Unter »Ausgleich« verstehen wir normalerweise »Wiedergutmachung«. Doch wie kann man etwas Tragisches wiedergutmachen? Wie soll man Verrat wiedergutmachen oder Betrug? Das geht nicht.

Deshalb setzt hier Vergebung an. Vergebung ist der freiwillige Verzicht auf Ausgleich und Wiedergutmachung. Wenn ich vergebe, sage ich: »Du kannst und du musst nicht wiedergutmachen, was du mir angetan hast. Ich verzichte auf Wieder-gut-Machung.«

Denk mal

Worauf müsstest du verzichten, wenn du vergibst?

Mach mal

Mache in Bezug auf eine konkrete Situation eine Gewinn-/Verlust-Liste auf. Schreibe auf, was du durch Vergebung verlierst und gewinnst.

1.7

> *Auch eine Enttäuschung, wenn sie nur gründlich und endgültig ist, bedeutet einen Schritt vorwärts.*
>
> *—Max Planck*

Vergebung ist Trauer

In Situationen, die echte Vergebung nötig machen, spielt Enttäuschung eine große Rolle. Das, was man erwartete, traf nicht ein. Man dachte, der andere würde sein Versprechen halten. Man hoffte, er würde zu einem stehen, Respekt und Wertschätzung zeigen. Man dachte, der Partner wäre treu.

Doch man erlebte, dass die Realität anders aussah: Ein Mensch enttäuschte oder verletzte uns seelisch oder körperlich. Er beging Verrat. Eine Hoffnung wurde nicht erfüllt. Unsere Sicherheit wurde existentiell erschüttert. Das, was sicher schien, ist plötzlich nicht mehr selbstverständlich. Das Vertrauen zur anderen Person ist angegriffen. Der Traum der Unversehrtheit zerbrochen.

Das ist mit großem Schmerz verbunden. Abschiedsschmerz. Denn es bedeutet Trennung vom Traum der Sicherheit.

Diesen Abschied können wir betrauern. Trauer bedeutet, zu sortieren: Was ging für immer verloren? Was bleibt? Was kann eventuell wieder hergestellt werden? Vergebung beinhaltet, Abschied von unseren bis dahin gehegten Illusionen und Hoffnungen zu nehmen. Unsere bisherigen Vorstellungen loszulassen.

Bei jedem Trauerprozess ist es wichtig, nicht auf Dauer darin stecken zu bleiben. Dazu ist Klarheit wichtig: Was ist nicht mehr da? Was ist nicht mehr möglich? Was ist zerbrochen? Und dann bewusst Abschied zu nehmen: »Ich lasse das jetzt los. Ich verabschiede mich von dieser Hoffnung. Und werde frei für das, was jetzt möglich ist.«

Denk mal

Welche Vorstellung kannst du nicht mit in die Zukunft nehmen (weil sie geplatzt ist)? Wie kannst du sie loslassen?

Mach mal

Denke dir eine symbolische Geste aus, die deinen Abschied von dieser Vorstellung symbolisiert (beerdigen, loslassen usw.). Setze sie um.

Rache löst nichts

Rache ist süß.

—Sprichwort

»Den Alten könnte ich umbringen. Ich hab mir das in allen Szenarien ausgemalt. Ich als Mörder. Oder die Mafia.« Das erzählte mir ein Mann, der von seinem Vater zutiefst verletzt und verraten worden war. Zwanzig Jahre später wollte er sich nach wie vor rächen. Suchte Ausgleich für das Unrecht, das der Vater nie einsah.

Rache ist süß. Zumindest einen Moment lang. Es fühlt sich gut an, wenn man den, der einem Schmerz zugefügt hat, in Gedanken so richtig rösten und braten kann. Für eine Weile bringt das Genugtuung und Befriedigung.

Doch dann bleibt meist ein schaler Nachgeschmack. Tief im Inneren spürt man, dass die ewige Kette von Rache und Vergeltung nicht der beste Weg ist. Wenn alle Menschen so lebten, gäbe es Mord und Totschlag. Die Kette der Gewalt würde nie aufhören. Rache bringt – kurzfristig – Entlastung. Aber keine Lösung.

Wenn du in Rachephantasien schwelgst, gehe einmal zu dir selbst auf Distanz. Überlege: Was würde es ganz objektiv bringen, wenn ich mich räche? Welche Folgen hätte es? Wie würde es sich auf mein Leben auswirken?

Der oben zitierte Sohn entschied sich gegen Rache, weil er nicht ins Gefängnis wollte und ihm das Geld für einen Auftragskiller fehlte. Doch die Rache schwelte weiter in ihm. Und vergiftete sein Leben. Er hat sich vor allem an sich selbst gerächt. Wer das nicht will, dem bleibt auf Dauer nur der Weg der Vergebung.

Denk mal

An welchen Menschen würdest du dich gern rächen? Wie?

Mach mal

Schreibe mindestens 10 Auswirkungen auf, die es auf dein Leben hätte, wenn du deine Rache-Pläne in die Tat umsetzen würdest.

2.2

Vergeben macht frei

Vergebung heißt: Einen Gefangenen freizugeben – und dann festzustellen, dass der Gefangene man selbst war.
—Lewis B. Smedes

■ Vergebung hat ihren Preis. Es kostet etwas, wenn man vergibt. Man verliert die Möglichkeit der Vergeltung. Vielleicht auch die erhoffte ausgleichende Gerechtigkeit. All das kann ein echter Verlust sein.

Man gewinnt jedoch viel, wenn man vergibt. Vergebung nützt auch der Person, der vergeben wird. Vor allem aber demjenigen, der vergibt. Denn man gewinnt Freiheit. Hat man in einer Situation nicht vergeben, ist man gefangen.

Man ist Gefangener der eigenen Gedanken, die immer und immer wieder um das Geschehen kreisen. Dabei führt man im Kopf wahre Schlachten. In ausgedachten Dialogen verteidigt man sich und steht besser da als der andere. Man erfährt Genugtuung. Das spielt man innerlich durch. Immer und immer wieder.

Vergeben löst aus diesen Gedankenkreisen und macht frei für neue Begegnung. Wenn ich nicht vergebe, kann ich die andere Person nur durch die Brille der nicht vergebenen Schuld sehen. Es fällt mir schwer, etwas anderes wahrzunehmen, z.B. dass der betreffende Mensch auch noch ein paar andere, spannende und wertvolle Facetten hat.

Wenn man erlittenes Unrecht lange mit sich herumträgt, beginnt es die Seele zu vergiften – und den Körper. Krankheiten wie Gicht, Magengeschwüre, chronische Verspannungen können die Folge sein. Wer vergibt, erfährt auch hier Erleichterung.

Vergebung macht frei von dem nicht erfüllbaren Anspruch, immer Recht bekommen zu müssen.

■ **Denk mal**

In welchen Situationen hast du erlebt, dass nicht vergeben dich unfrei machte? Wie genau sah das aus?

■ **Mach mal**

Denke an eine Situation, in der dir Vergeben schwer fällt. Stell dir vor, wie frei du wärest, wenn du in dieser Situation vergeben könntest.

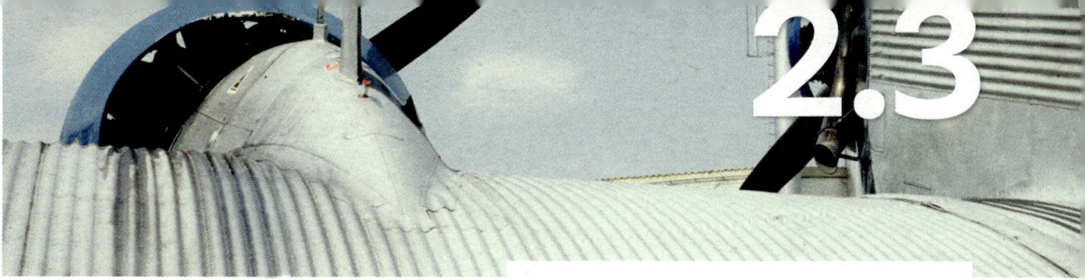

Kein Opfer mehr

Wer vergibt ist nicht mehr Opfer.
—Autor unbekannt

■ Wenn Menschen uns körperlich oder seelisch Gewalt antun oder uns verletzen, werden wir zum Opfer. Ein Opfer ist in der Gewaltsituation hilflos. Es verfügt nicht über die Mittel und Möglichkeiten, sich zu schützen und zu helfen. Das Opfer ist den Handlungen anderer ausgeliefert. Ja, es gibt Situationen, in denen wir Opfer sind. Das ist leider jenseits unserer Macht.

Was wir jedoch in der Hand haben, ist, ob wir Opfer bleiben. Das Unrecht, das geschehen ist, kann niemand rückgängig machen. Wir können (meist) nichts dafür, dass wir Opfer wurden. Das lag in der Verantwortung von anderen. Doch wir sind selbst dafür verantwortlich, ob wir Opfer bleiben. Wer nicht vergibt, bleibt weiter Opfer. Er erwartet vom anderen, dafür zu sorgen, dass das eigene Leben wieder gut wird. Wenn der andere das nicht tut, ist man hilflos. Wer vergibt, leugnet das Geschehen nicht. Er sagt: »Da ist mir in der Vergangenheit etwas passiert, was schmerzhaft und verletzend war.« Aber er nimmt die Verantwortung für die Zukunft in seine eigene Hand. Er entscheidet: Ich entlasse den anderen aus der Verantwortung, das Geschehene wieder gut zu machen. Ich nehme mein Leben wieder selbst in die Hand. Ich bin nicht mehr Opfer, sondern aktiv Handelnde(r).

Das ist ungemein befreiend. Nicht mehr die anderen und das Geschehene beherrschen mein Leben, sondern ich habe es wieder selbst in der Hand.

■ **Denk mal**

In welchen Situationen fühlst/fühltest du dich als Opfer? Was verlierst du, wenn du den Status als Opfer aufgibst?

■ **Mach mal**

Stell dir vor, du wärest nicht mehr Opfer, sondern in deinem Leben aktiv Handelnder. Male dir den Unterschied plastisch aus.

2.4

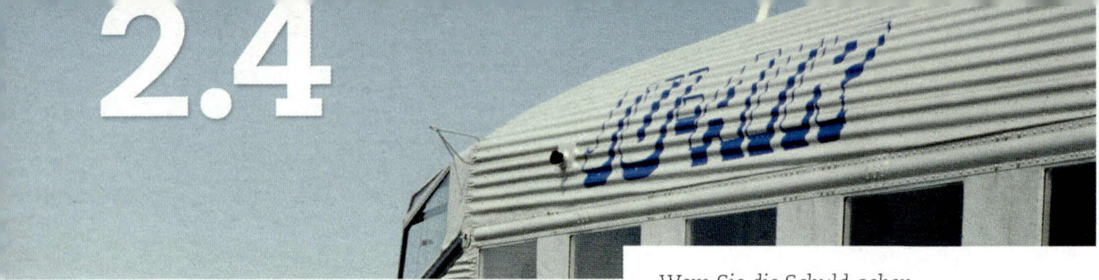

Innere Freiheit

Wem Sie die Schuld geben,
dem geben Sie die Macht.
—Bodo Schäfer

Kann man jemandem vergeben, der nicht einmal einsieht, was er uns angetan hat? Soll man jemandem vergeben, der kein Fünkchen Reue und Zerknirschung zeigt? Kann man jemandem vergeben, der einem im nächsten Moment das Gleiche wieder antun würde, wenn er könnte? Das sind schwere Fragen.

Doch man kann auch umgekehrt fragen: Was passiert mit mir, wenn ich nicht vergebe? Von Vergebung profitiert in erster Linie der, der vergibt. Vergebung entlastet und befreit. Warum sollte man Vergebung also davon abhängig machen, ob der andere seine Schuld einsieht? Möglicherweise wird er sein Leben lang die Augen vor dem Schmerz verschließen, den er uns zugefügt hat. Womöglich hat er eine andere Perspektive, fühlt sich sogar im Recht.

Wenn man darauf wartet, dass der andere einsieht, was er einem angetan hat, macht man sich dadurch von ihm abhängig. Möglicherweise kann man sich selbst nie das Geschenk der Vergebung machen. Denn man wartet darauf, dass der andere den ersten Schritt tut. Und er tut ihn nie. Entscheidet man jedoch selbstständig, dass man vergeben will, kommt man auch hier aus der Opfer-Rolle heraus.

Für die Wiederherstellung einer Beziehung ist Austausch, Verständnis, Reue und oft auch die Bitte um Vergebung nötig. Zum Vergeben nicht. Hier genügt es, zu entscheiden: Ich will das gerne vergeben.

Denk mal

Von welchen Menschen erwartest du noch eine Entschuldigung?

Mach mal

Stell dir vor, du könntest den betreffenden Menschen vergeben, ohne dass sie sich bei dir entschuldigt haben. Was würde das ändern?

Und plötzlich weißt du, es ist Zeit etwas Neues zu beginnen und dem Zauber des Anfangs zu vertrauen.
—Meister Eckhart

Befreit für neue Begegnung

In der Stadt Jenin suchte die isrealische Armee nach möglichen Terroristen und Attentätern. Die Soldaten hatten den Befehl, auf jeden zu schießen, der eine Waffe hatte. Ein Opfer war der zwölfjährige Palästienserjunge Ahmed Khatib, der mit einer Plastikpistole gespielt hatte und versehentlich erschossen wurde. Sein Vater Ismail entschied sich noch in der Stunde der Trauer, die Organe seines Sohnes sechs israelischen Kindern zu spenden und damit deren Leben zu retten. Ein Zeichen von Vergebung und Versöhnung.

Drei Jahre später begab sich Ismail auf eine Reise, um diese Kinder zu besuchen. In dem Dokumentarfilm *Heart of Jenin* werden die Begegnungen zwischen ihm und den Familien gezeigt. Viele dieser Begegnungen sind tief bewegend. Vergebung hat Ismail zu diesen Begegnungen befreit. Auch wenn Vergebung keine Garantie zu neuer Begegnung ist. Denn nicht alle begegnen Ismail mit warmer Herzlichkeit. Eine Familie bleibt frostig und unterkühlt. Sie wissen, dass sie Ismail die Gesundheit ihrer Tochter zu verdanken haben. Doch ihre Vorurteile gegenüber den Palästinensern sind so groß, dass sie sich nicht auf Begegnung einlassen können.

Zu Begegnung gehören immer zwei. Wie der andere reagiert, liegt nicht in unserer Hand. Doch wenn wir vergeben, öffnen wir von unserer Seite die Tür zu neuer Begegnung. Ob wir anschließend in den Raum neuer Beziehung treten können, ist nicht garantiert. Vielleicht finden wir auch nur zu einem friedlichen Abschied.

Denk mal

Wo hast du erlebt, dass Beziehungen trotz echter Vergebung nicht mehr neu begonnen werden konnten?

Mach mal

Verabschiede dich bewusst – vielleicht mit einem Ritual – von Beziehungen, die trotz Vergebung nicht wiederhergestellt werden konnten.

2.6

Nur was du nicht vergeben kannst,
musst du vergeben.
—*Arnold Retzer*

Heilmittel für Extremfälle

»Dieser Mensch hat mein Leben zerstört. Das, was er getan hat, kann ich nicht vergeben.« Jeder kann verstehen, dass man so reagiert, wenn man schier unerträgliches Leid erlebt hat. Wie soll man so etwas auch vergeben?

Doch gerade für diese Extremfälle ist Vergebung da. Dinge, die man leicht vergeben kann, braucht man überhaupt nicht zu vergeben. Diese kleinen Vergehen kann man verstehen, entschuldigen, tolerieren, verzeihen.

Der Autor *Lewis B. Smedes* vergleicht es mit dem Unterschied zwischen Pflaster und einer Operation. Auf oberflächliche Schürfwunden klebt man ein Pflaster. Die Wunde heilt in der Regel von selbst. Tiefe innere Verletzungen jedoch müssen operiert werden.

Vergebung ist das Werkzeug für die Heilung solcher tiefen und großen Wunden. Es ist paradox: Das Werkzeug der Vergebung braucht man nur und gerade für die Dinge, die nicht zu vergeben sind.

Wenn du denkst, etwas ist viel zu groß und zu tragisch für Vergebung, dann hast du den idealen Kandidaten für Vergebung entdeckt. Nur was unverzeihlich ist, nicht entschuldigt werden kann, eignet sich für echte Vergebung. Nur Dinge, die nicht mehr ausgeglichen werden können, brauchen das Werkzeug der Vergebung, um Lösung und tiefe Heilung zu bringen.

Wenn dir also etwas zu groß zum Vergeben erscheint, dann ist gerade das ein Hinweis darauf, dass Vergebung hier hilfreich und sinnvoll sein könnte.

Denk mal

Welche Handlungen bewertest du als unverzeihlich?

Mach mal

Mache eine Liste der Dinge, die du für unverzeihlich hältst. Überlege dann, welche Menschen solch unverzeihliches Unrecht vergeben haben.

2.7

Gerade weil ich weiß, welche Kraft Vergebung hat, wenn sie von Herzen kommt, würde ich Menschen nie dazu auffordern, jemanden zu vergeben.
—Dominik Barter

Vergeben ist freiwillig

Dominik Barter arbeitet in den Slums von Rio de Janeiro. Dort, wo Gewalt an der Tagesordnung ist. Er hat die »Versöhnungsrunden« entwickelt. Das ist ein Prozess, der Menschen, die in Konflikt miteinander stehen, beim Versöhnen hilft. Dort geht es nicht um »Kleinkram«, sondern um kapitale Verbrechen: Vergewaltigung, Raub, Mord. Handlungen, die man eigentlich fast nicht vergeben kann.

In den Versöhnungsrunden zwischen Tätern, Opfern und Umfeld erlebt Dominik Barter immer wieder, wie Menschen zu tiefer Vergebung finden. Und erfahren, wie befreiend dies ist. Sie rechnen sich die Schuld nicht mehr an. Und können neu beginnen.

Dominik Barter weiß, wie kraftvoll Vergebung ist, wenn sie aus dem Herzen kommt. Gerade deshalb verzichtet er bewusst darauf, Menschen dazu zu drängen. Die leckerste Sahnetorte ist kein Genuss, wenn man sie – bei sattem Magen – aufgezwungen bekommt. Genauso wenig Sinn macht es, jemandem Vergebung »reinzuwürgen«. Im Sinne von »Du musst jetzt aber vergeben!« Vergebung ist keine Pflicht, sondern eine freiwillige Entscheidung.

Bei vielen Menschen wird – nach einer Zeit der Trauer und des Schmerzes – von selbst der Hunger kommen, den Groll und die Bitterkeit loszulassen. Sie sehnen sich danach neue Freiheit zu finden. Dann kann man sie auf dem Weg zur Vergebung unterstützen. Nicht, damit sie eine Pflicht erfüllen. Sondern damit ihr Hunger nach Freiheit gestillt wird.

Denk mal

Hat dir schon mal jemand gesagt: »Du musst vergeben«? Wie hast du dich dabei gefühlt?

Mach mal

Schreibe fünf Gründe für Vergebung auf, mit denen du dir und anderen Appetit auf Vergebung machen kannst.

Kein Schnupfen ist so schlimm
wie der eigene.
—Deutsches Sprichwort

Den eigenen Schmerz sehen

Verletzungen sind schmerzhaft. Diesen Schmerz wirklich zu spüren, tut weh. Sehr oft passiert es deshalb, dass wir ihm aus dem Weg gehen. Wir flüchten in Gedanken der Anklage, Rache, Rechtfertigung. Es tut weniger weh, zu denken: »Der andere ist ein Idiot!« als tatsächlich den Schmerz zu spüren, den er mir zugefügt hat.
Weil uns das Gedankenkarussell davor schützt, den eigenen Schmerz wirklich zu spüren, können wir häufig nicht daraus ausbrechen. Doch ohne an den Kern, den Schmerz, ranzukommen, lässt sich die Situation oft nicht lösen. Emotionen gehören zur Vergebung. Wer nicht spüren kann, was ihn tatsächlich getroffen hat, kann sich meist nicht davon lösen.
Manche Menschen kommen ihren Gefühlen auf die Spur, wenn sie sich Zeit zum Spüren nehmen: Wie hat sich das damals eigentlich genau angefühlt? Was habe ich gespürt, empfunden?
Anderen hilft es, wenn sie versuchen, die Gefühle hinter ihren Gedanken zu erspüren. Wenn ich denke: »Das ist der egoistischste Mensch, der mir je begegnet ist!«, was genau fühle ich dann: Hilflosigkeit, Trauer, Schmerz? Wenn ich denke: »Er hätte mich nicht im Stich lassen dürfen!«, was spüre ich dann: Enttäuschung, Schock, Frustration?
Es geht in der Regel immer viel weniger um das Geschehen als vielmehr um die Gefühle, die es in einem ausgelöst hat. Die eigenen Gefühle benennen zu können, schenkt Klarheit. Das hilft beim Lösen.

Denk mal

Denke an eine Situation, in der ein Mensch an dir schuldig geworden ist. Wie hast du dich gefühlt?

Mach mal

Oft fehlen uns die Worte, um Gefühle zu benennen. Erstelle mit Hilfe von Freunden oder dem Internet eine Liste mit Worten, die Gefühle beschreiben.

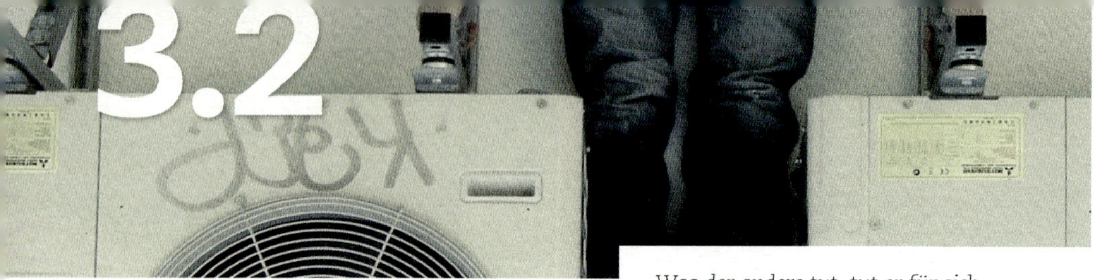

3.2 Nicht alles auf sich beziehen

Was der andere tut, tut er für sich, nicht gegen dich.
—Marshall Rosenberg

Wir Menschen haben die leidvolle Tendenz, zu viele Dinge auf uns zu beziehen. Der Busfahrer ist muffig – wir denken, er hätte etwas gegen uns. Der Partner schweigt – uns verletzt das. Wir denken, der andere tue das mit der bewussten Absicht, uns zu verletzen.

Doch meist ist das nicht der Fall. Das wird klarer, wenn wir einmal an uns selbst denken. Wenn wir z. B. jemanden anbrüllen, weil er uns die Vorfahrt genommen hat, dann tun wir das nicht in erster Linie, weil wir ihm schaden wollen. Vielmehr wollen wir uns selbst Erleichterung verschaffen. Der Ärger will raus. (Dass diese Strategie oft mehr schadet als nützt, steht auf einem anderen Blatt.)

Menschen, die lügen, tun es selten, weil sie absichtlich einen anderen Menschen betrügen wollen. Sondern oft, um sich zu schützen. Vielleicht, weil sie Angst haben. Die meisten unserer Handlungen – vielleicht sogar alle – tun wir zuerst einmal für uns. Auch das, was beim anderen negativ ankommt, war ein – unbeholfener – Versuch, uns selbst etwas Gutes zu tun. Uns zu schützen.

Wenn ich denke: »Er hat schon wieder den Mülleimer vergessen – das macht er mit Absicht, um mich zu ärgern!«, dann schmerzt das sehr. Wenn ich stattdessen denke: »Ah, er tut gerade etwas, um sich zu entlasten!«, tut es weit weniger weh.

Denk mal

Was würde sich ändern, wenn du öfter denken könntest: »Das tut er nicht gegen mich, sondern für sich?«

Mach mal

Denke an Situationen, in denen das Handeln anderer dich verletzt hat. Überlege, was der andere in dieser Situation wohl für sich tun wollte.

3.3

Eindeutig schuld?

Jedes Ding hat seine zwei Seiten.
Mit Anwalt drei.

—Klaus Klages

Ein Paar streitet sich beim Autofahren. »Das waren höchstens zehn Zentimeter Abstand.« »Quatsch. Da war mindestens noch ein Meter.« Nach langer hitziger Diskussion stellen sie fest, dass die eine links vom Auto meinte, der andere rechts. Menschen haben unterschiedliche Perspektiven. Gerade wenn es um Schuld geht, sehen unterschiedliche Beteiligte die Dinge anders. Man verbringt Tage – manchmal auch Wochen und Jahre – damit, zu klären, wer denn nun Schuld hatte. Wer was wann wie und warum falsch gemacht hat. Gelegentlich kann man dadurch sogar Dinge klären.

Doch häufig ist die Frage nach der genauen Schuld gar nicht vollständig aufklärbar. Ist der Autofahrer schuld, der betrunken ein Kind angefahren hat? Oder auch seine Eltern, die durch ihr Verhalten seine Seele zerstört haben? Oder sogar noch die Kollegen, die ihn bis aufs Äußerste mobben, so dass er keinen Ausweg mehr sieht? Und sich in Alkohol flüchtet.

Die Verstrickungen, die zu Unrecht und Schmerz führen, sind meist nicht vollständig aufklärbar. Der Versuch der Klärung führt oft nur zu weiteren Verletzungen. Häufig werden die Beteiligten nie zur gleichen Sicht gelangen. Das geht gar nicht, weil jeder etwas anderes sieht. Eine hunderprozentige Klärung ist zum Vergeben aber auch nicht nötig. Es reicht, wenn man als Betroffener sagen kann: »Hier sehe *ich* Schuld. Hier denke *ich*, dass der andere an mir schuldig geworden ist.« Der andere muss das nicht unbedingt so sehen.

Denk mal

In welchen Situationen hielten dich andere für schuldig und du dich nicht? Und umgekehrt?

Mach mal

Wenn in Bezug auf Schuld unterschiedliche Perspektiven bestehen: Überlege, ob du trotzdem vergeben kannst.

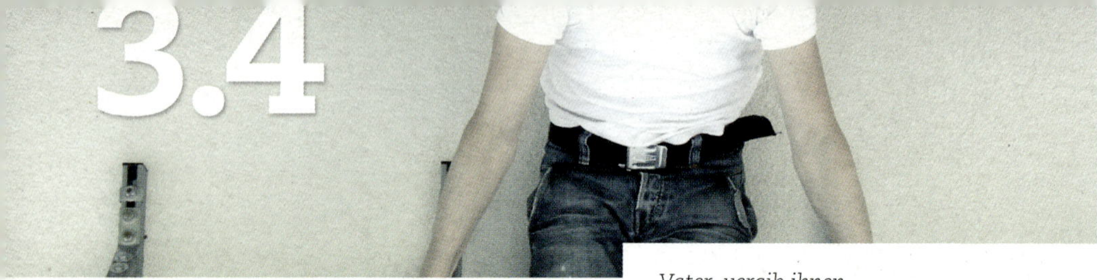

3.4

Vater, vergib ihnen,
denn sie wissen nicht, was sie tun.
—Jesus von Nazareth am Kreuz

Denn sie wissen nicht ...

Man spricht ein unachtsames Wort – und ein anderer Mensch ist tief getroffen. Man vergisst ein Versprechen – und für einen anderen Menschen zerbricht das Vertrauen. Es muss nicht immer wirkliche Schuld sein, schon kleine Fehler und Unachtsamkeiten können fatale Auswirkungen auf Beziehungen haben.

Menschen können die Folgen ihres Handelns oft nicht abschätzen. Da verspürt eine Frau abends den Impuls, einer Freundin eine Mail zu schreiben. Sie denkt: »Morgen reicht auch noch.« In der Nacht begeht die Freundin Selbstmord. Hätte sie das geahnt, wäre sie dem Impuls natürlich gefolgt. Doch – wie hätte sie es wissen sollen? Wenn wir die Folgen unseres Handelns abschätzen könnten, würden wir oft anders handeln. Das geht uns so – und häufig auch den Menschen, die uns verletzt haben. Viele hätten anders gehandelt, wenn sie geahnt hätten, wie sehr eine bestimmte Handlung uns schmerzen würde. Oder was manche Sätze bei uns auslösen würden.

Hier finde ich die Worte, die Jesus am Kreuz spricht, sehr entlastend: »Vater, vergib ihnen, denn sie wissen nicht, was sie tun!« Man könnte das vielleicht auch so formulieren: »Vater, vergib ihnen – sie können die Folgen ihres Handelns nicht abschätzen.« Es kann beim Vergeben helfen, sich bewusst zu machen, dass der andere (oft) nicht wissen konnte, was er uns mit einer bestimmten Handlung antat. Das macht es leichter, gnädig zu sein. Mit sich und anderen.

Denk mal

In welcher Situation hättest du anders gehandelt, wenn du gewusst hättest, wie dein Handeln sich auswirkt?

Mach mal

Stell dir vor, Jesus oder ein liebevoller Mensch würde dir in Bezug auf diese Situation tröstend sagen: »Du wusstest nicht, was du tust.« Was ändert das?

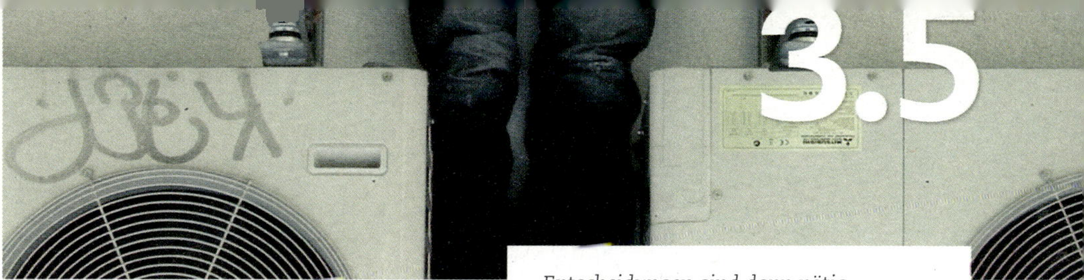

3.5

Entscheidungen sind dann nötig,
wenn sie unmöglich sind.
—Niklas Luhmann

Unmöglicher Ausgleich

WM 1966. Das Endspiel in Wembley. Deutschland gegen England. Der Schiedsrichter erkennt ein Tor an, das keines war. England wird Weltmeister. Deutschland sieht sich im Unrecht. 44 Jahre lang.
WM 2010 in Südafrika. Das Achtelfinale. Deutschland gegen England. England bekommt ein Tor nicht anerkannt, das eines war. Deutschland gewinnt 4:1 und kommt weiter.
Manche Deutsche jubeln: »Das war der Ausgleich für Wembley. Jetzt können wir Wembley endlich ruhen lassen.« Andere sagen: »Das Spiel hätten wir ohnehin gewonnen.« Oder auch: »Das gleicht nicht aus, dass wir damals (womöglich) um den Weltmeistertitel gebracht wurden.« War Südafrika nun also ein Ausgleich für Wembley oder nicht?
Wenn Unrecht geschehen ist, verlangt man immer nach Ausgleich. Doch perfekter Ausgleich ist praktisch unmöglich, weil beide Seiten mit unterschiedlichen Maßstäben messen. Beim nicht gegebenen Tor in Südafrika war sich nicht einmal die eine Seite einig. Allgemein wiegt das Unrecht, das man erfahren hat, schwerer als das, das man anderen zugefügt hat. Wer kann schon genau sagen, was ein gerechter Ausgleich wäre? Wenn man anerkennt, dass perfekter Ausgleich ohnehin nicht möglich ist, kann man – aus freien Stücken – auch darauf verzichten. Weil es einen aus dem aussichtslosen Kampf um Ausgleich führt und man Ausgleich nicht (immer) braucht, um sein Leben weiter gut zu leben.

Denk mal

In welchen Situationen ist es dir nicht gelungen, mit jemandem einen fairen Ausgleich auszuhandeln?

Mach mal

Überlege, was in dieser Situation ein fairer Ausgleich gewesen wäre. Zuerst aus deiner Perspektive. Dann versetze dich in den anderen hinein.

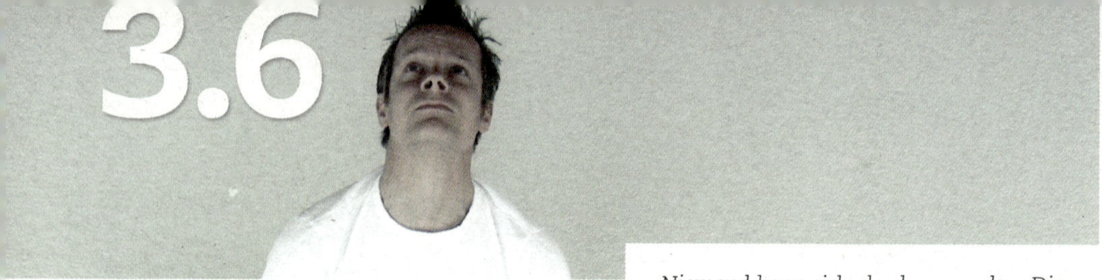

Keiner verdient Vergebung

Niemand kann sich also herausreden. Die ganze Menschheit ist vor Gott schuldig!
—Paulus von Tarsus

■ Wir Menschen sind dazu geschaffen, einander liebevoll und bereichernd zu begegnen. Tief im Herzen spüren wir alle: Es wäre richtig, liebevoll miteinander umzugehen. Frieden und Großmut bringen weiter als Hass und Intrige.

Nur gelingt es uns nicht immer. Wenn ein Mensch uns schlecht behandelt, denken wir oft: Der ist soooo fies und gemein. Der hat Vergebung nicht verdient.

Das Verrückte ist: Nur Menschen, die es nicht verdient haben, brauchen Vergebung. Stell dir mal vor, es gäbe einen Menschen, der hundertprozentig gut wäre und immer richtig handeln würde. Der immer liebevoll und geduldig wäre. Der hätte es wirklich verdient, dass man ihm vergibt. Er hätte es nur nicht nötig. Weil er ohnehin nichts tut, was der Vergebung bedarf.

Wir alle gehören jedoch zu der anderen Sorte Mensch. Zu denen, die Vergebung nötig haben. Aber nicht verdient. Graustufen – der hat Vergebung mehr verdient als jener – führen hier nicht weiter.

Als Richter fühlt man sich vielleicht eine Weile lang gut. Aber man stellt sich damit auch unter den Maßstab, mit dem man andere misst. Meist möchte man selbst jedoch nicht so beurteilt werden. Man entschuldigt bei sich selbst Dinge, die man bei anderen nicht durchgehen lassen würde.

Ich finde es hilfreicher zu sagen: Wir alle brauchen Vergebung. Keiner hat es verdient, dass ihm vergeben wird. Weder ich noch der, der mich verletzt hat. Vergebung ist ein Geschenk.

■ **Denk mal**

Bei welchen Menschen denkst du: Sie haben Vergebung nicht verdient? Was denkst du, wie sie selbst das sehen?

■ **Mach mal**

Packe eine kleine Schachtel in Geschenkpapier ein und überlege, wem du ein Geschenk der Vergebung machen möchtest.

Wir leben von Gnade

Als er aber noch weit entfernt war, sah ihn sein Vater und es jammerte ihn; er lief und fiel ihm um den Hals und küsste ihn.
—Jesus in Lukas Kapitel 15

Jesus erzählte seinen Zuhören einmal eine eindrückliche Geschichte über Vergebung: Ein Sohn bittet seinen Vater um die Auszahlung seines Erbes. Für uns ist das gar nichts Ungewöhnliches. Viele Eltern übertragen ihren Kindern schon zu Lebzeiten Vermögenswerte, weil das steuerliche Vorteile bringt.

In der Kultur des Mittleren Ostens ist es hingegen undenkbar, so etwas zu tun und sich damit von der Familie zu trennen. Das wird als abgrundtiefer Verrat gewertet.

Der Sohn kränkt und verletzt seinen Vater. Er beschämt ihn vor dem ganzen Dorf. Das ist das Schlimmste, was einem Mann im Mittleren Osten passieren kann. Dennoch bleibt der Vater offen für Begegnung. Eines Tages kommt der Sohn völlig mittellos zurück. Sein Vermögen hat er verloren. Der Vater rennt ihm entgegen. Er umarmt seinen Sohn, küsst ihn, schenkt ihm neue Kleider. Er stellt sich öffentlich zu ihm und lässt nicht zu, dass andere ihn anklagen.

Jesus vergleicht Gott mit diesem Vater. Er sagt damit: Wir alle haben unseren Vater verraten und uns von ihm entfernt. Wir haben die Schätze unseres Lebens, die wir von ihm erhalten haben, verspielt. Gott hätte ein Recht darauf, uns anzuklagen. Aber er verzichtet darauf. Stattdessen läuft er uns entgegen. Er gibt uns die Chance zum Neubeginn und schenkt uns seine Vergebung – unverdient. Wenn Gottes Vergebung wirklich in unserem Herzen ankommt, fällt es uns oft leichter, anderen zu vergeben.

Denk mal

Was löst diese Geschichte bei dir aus? Wie geht es dir, wenn du daran denkst, dass dir vergeben wird?

Mach mal

Lies die Geschichte einmal nach. Du findest sie in der Bibel bei Lukas, Kapitel 15. Falls du keine Bibel hast, findest du im Internet Online-Bibeln.

Unzufriedenheit ist der erste Schritt zum Erfolg.

—Oscar Wilde

Entscheiden, zu vergeben

Vergebung hat viel mit Emotionen zu tun. Durch den Prozess der Vergebung weichen die harten, bitteren Gedanken und die damit verbundenen Gefühle auf. Mit der Zeit schwindet die Wut, der Zorn, der Ärger, der Hass. Vielleicht kann man nach und nach akzeptieren, dass der andere nicht nur böse ist, sondern gute und schlechte Seiten hat. Ihm irgendwann gönnen, dass ihm Dinge gelingen. Ihm schließlich vielleicht sogar Gutes wünschen. Dann sind auch die Gefühle bei der Vergebung angekommen.

Doch auch wenn Vergebung viel mit Emotionen zu tun hat, beginnt sie mit einer Entscheidung: »Ich will vergeben.« Das heißt nicht unbedingt, dass man es sofort kann. Aber dass man sich auf den Weg macht.

Die Motivation dafür, zu vergeben, kann ganz unterschiedlich sein. Manche Menschen versuchen, aus Pflichtgefühl heraus zu vergeben. Meist kommen sie damit nicht weit. Ich halte es für empfehlenswerter auf den Nutzen der Vergebung zu sehen. Wie wir in der zweiten Woche gesehen haben, nützt Vergebung in erster Linie dem, der vergibt. Vergebung entlastet. Sie löst aus der Fixierung auf den Gegner und aus den kreisenden Gedanken. Macht den Kopf und die Seele wieder frei, über andere Dinge nachzudenken. Und macht uns Gott ähnlicher, der auch vergibt.

Auch deswegen lohnt es sich, sich für Vergebung zu entscheiden.

Denk mal

Was motiviert dich, zu vergeben?

Mach mal

Schreibe dir auf, wem du wofür noch nicht vergeben hast. Überlege dir, ob du in Bezug auf diese Menschen den Weg der Vergebung gehen willst.

4.2

Sich selbst vergeben

Niemand ist so gut wie das Beste, das er je getan hat, niemand so schlecht wie seine schlechteste Tat.
—Nelson Mandela

Berlin, 1. Mai. Einige Randalierer werfen einen Container mit Glasflaschen um. Ein Polizist stürzt, fällt mit dem Rücken in die Scherben. Randalierer treten auf ihn ein. Ich stehe daneben. Halte einen Mann am Arm fest und schreie: »Das ist doch ein Mensch.« Er reißt sich los, geht weg. Andere treten weiter, bis Kollegen den Polizisten aus seiner misslichen Lage befreien. Mich hat diese Szene lange verfolgt. Ich machte mir Vorwürfe. Ich hätte mehr tun können: mich schützend vor den verletzten Polizisten stellen. Lauter schreien. Beherzter eingreifen. Ich konnte mir lange nicht vergeben, dass ich nicht mutiger und selbstloser gehandelt hatte.
Kann man sich selbst vergeben? Ich denke ja. Man kann sich selbst anklagen, also kann man sich auch vergeben.
Mein Handeln entsprach nicht dem Bild, das ich von mir hatte. Ich will gern mutig sein und für andere eintreten, die gerade in Not sind. Doch nun musste ich mir eingestehen: Das gelingt mir nicht immer. Ich bin nicht immer so gut, wie ich es gerne wäre. Sich selbst zu vergeben, hat damit zu tun, dass man seinen eigenen Maßstäben und Ansprüchen nicht gerecht wurde. Das schmerzt und tut weh.
Deshalb ist sich selbst zu vergeben ein Stück Trauer und Abschied. Ich muss mir eingestehen: Das Bild, das ich von mir hatte, entspricht nicht immer der Realität. Ich muss mich davon lösen und mir dann selbst vergeben. So kann ich besser weiterleben. Und ich kann auch anderen leichter vergeben, wenn ich mir selbst vergeben habe.

Denk mal
Wann fiel/fällt es dir schwer, dir selbst zu vergeben? Welchem Anspruch an dich wurdest du nicht gerecht?

Mach mal
Verabschiede dich bewusst von einem Selbstbild, dem du nicht immer genügen kannst. Zelebriere den Abschied.

Schuld benennen

Ein Problem ist halb gelöst,
wenn es klar formuliert ist.
—John Dewey

Wie vergibt man anderen? Vorraussetzung für Vergebung ist die Anklage. Wer alles gleich entschuldigt, kann nie vergeben. Nur wer ganz klar sagen kann: »Hier ist Unrecht geschehen!«, kann auch vergeben. Vergeben erfordert Klarheit und den Mut, zu der eigenen Perspektive zu stehen: »Ich selbst bewerte das als Schuld. Vielleicht war es anders. Aber so sehe ich es jetzt.«
Hier ist es gut, demütig einzugestehen, dass wir die Frage der Schuld nie zu hundert Prozent klären können (siehe 3.3). Es kann sein, dass man später, wenn man mehr weiß und sieht, eine andere Perspektive gewinnt.
Dennoch ist es als erster Schritt auf dem Weg zum Vergeben wichtig, den Schuldigen zu identifizieren. Und anschließend präzise zu benennen, worin man seine Schuld sieht. Je klarer das geschieht, desto eher löst man sich aus dem Dickicht der verwirrenden Gefühle und Verstrickungen.

Die Beteiligten
Wer hat mich geschädigt? Wen halte ich für verantwortlich?
Erwartungen
Was hatte ich erwartet? Wie hätte der andere meiner Ansicht nach handeln sollen?
Das Geschehen
Was hat der andere konkret getan? Hier geht es nicht um Motive, die ich ihm unterstelle. Motive sind häufig nicht klar erkennbar. Es geht vielmehr um eine detaillierte Beschreibung seiner Handlung. Was hat er getan, das mich geschädigt hat?

Denk mal
Was hilft dir dabei, ganz konkret zu formulieren: »Hier halte ich den anderen für schuldig«?

Mach mal
Probiere das oben beschriebene Vorgehen für eine konkreten Situation aus, in der du Unrecht erlebt hast.

4.4 Ausgleich definieren

Ein Kompromiss ist nur dann gerecht, brauchbar und dauerhaft, wenn beide Parteien damit gleich unzufrieden sind.
—Henry Kissinger

Wenn wir Unrecht erlitten haben, spielen wir häufig verschiedene Szenarien im Kopf durch, wie Ausgleich für das Unrecht geschehen sollte. Wir stellen uns mit Genugtuung vor, wie der andere auf Knien kriecht und sein Unrecht eingesteht. Wir träumen davon, dass er Wiedergutmachung für das Unrecht leistet. Wir hoffen, dass er endlich einsieht und auch vor anderen bezeugt, dass wir ja im Recht waren.

Oder wir stellen uns vor, wie wir uns rächen und ihm heimzahlen, was er uns angetan hat. Wie wir sein Auto zerbeulen oder ihm Schmerz zufügen. Wenn wir nicht so mutig sind, dann hoffen wir zumindest, dass er das Gleiche erlebt, was wir erlebt haben. Er sollte wenigstens mal spüren, wie es sich anfühlt, wenn ...

All diesen Vorstellungen gemeinsam ist der Wunsch nach Ausgleich. Entweder indem der andere Wiedergutmachung für das leistet, was er angerichtet hat. Oder indem man selbst (oder das Leben) Rache übt, und ihm Schlechtes zufügt.

Es hilft beim Vergeben, wenn man sich eingesteht, dass man Ausgleich will und wie er aussehen soll.

Den Ausgleich konkretisieren

Auf welche Art und Weise erwarte ich Ausgleich? Was sollte der andere tun, um das Geschehene wiedergutzumachen? Oder was hätte er tun sollen – wenn er z. B. gar nicht mehr lebt.

Es kann sein, dass es eine Weile dauert, bis man dies klar sortiert hat.

Denk mal

Wann wünschst du dir eher Rache, wann eher Wiedergutmachung?
Was macht für dich den Unterschied?

Mach mal

Schreibe in Bezug auf eine Situation auf, auf welche konkrete Art und Weise du dir Ausgleich wünschst. Sei so präzise wie möglich.

Etwas muss konkret werden,
damit es dynamisch wird.
—Rick Warren

Der Weg der Vergebung

Wie kann man also ganz praktisch vergeben? Ich finde folgenden Weg sehr hilfreich.

1. Besorge dir ein Heft oder einen Notizblock für das »Projekt Schuldschein«.
2. Schreibe über einen längeren Zeitraum hinweg täglich auf: Was hat XY mir angetan? Was ist XY mir schuldig geblieben? (Hinweis: XY kannst auch du selbst sein.)
3. Überlege: Auf welche Art und Weise erwarte ich jetzt noch Ausgleich von XY? Wie sollte er konkret wieder gut machen, was er mir angetan hat?
   Es ist wichtig, dass du dabei sehr spezifisch bist, z. B.: Er sollte mir vor Person Z sagen, dass es ihm leid tut und dass er mich versteht. Oder: Er sollte Schadenersatz in Höhe von ... zahlen. Schreibe deine Ansprüche und Erwartungen auf deine Liste.
4. Überarbeite die Liste immer wieder, bis du genau spürst: Ja, das ist es, was ich will.
5. Stelle einen finalen Schuldschein mit deinen Anklagen und Forderungen auf.
6. Wenn du den Schuldschein fertig hast, wirst du irgendwann untrüglich wissen: Jetzt ist der Zeitpunkt gekommen, wo ich diese Liste verbrennen kann.
7. Wenn du das spürst, dann verbrenne sie noch nicht. Mache dir erst die Risiken und Nebenwirkungen klar (siehe 4.7). Dann kannst du entscheiden, ob du tatsächlich vergeben willst – oder auch nicht.

Denk mal

Mit welcher Schuld würdest du gern diesen Weg der Vergebung ausprobieren?

Mach mal

Tipp: Besorge dir ein Heft für deine Anklageschrift und beginne damit.

Vergebung symbolisieren

Ein Bild sagt mehr als tausend Worte.
—Sprichwort

Manchmal kann man in einem Rutsch vergeben. Ein Mensch hat etwas Spezifisches getan, was einen verletzt oder geschmerzt hat. Also vergibt man und die Sache ist gut.

Häufig ist es jedoch so, dass Situationen komplexer sind. Man wurde von seinem Partner verraten und betrogen. Wenn man das vergeben hat, stellt man fest, dass durch diese Handlung auch die Familie zerbrochen ist. Damit ist wieder Schmerz und Leid, Anklage und die Sehnsucht nach Ausgleich verbunden. Wenn diese Gefühle hochkommen, ist man manchmal unsicher, ob man aufrichtig vergeben hatte. Dass man eine neue Ebene von Schmerz entdeckt, heißt aber nicht, dass man nicht richtig vergeben hatte Es heißt lediglich: Da ist weiterer Schmerz, der gehört werden will, und noch mehr, was durch Vergebung geheilt werden kann.

Manche Menschen scheinen einfach pauschal vergeben zu können. Mir persönlich hilft es, so konkret wie möglich zu sein. Dinge im Detail zu benennen. Man kann Vergebung auch durch symbolische Gesten verstärken. Ein Mann wurde von seiner Frau betrogen und verlassen. Er ging – ohne ihr Wissen – zu dem Haus, in dem sie mit ihrem neuen Partner lebte. Dort vergab er ihr. Vor Ort zu sein, half ihm, Vergebung konkret und stark zu erleben.

Manche symbolisieren Vergebung durch Listen, die sie verbrennen, oder Steine, die sie ins Wasser werfen. Andere suchen sich zum Vergeben einen Zeugen. Einen vertrauten Menschen oder Beichtvater.

Denk mal

Wer oder was könnte dich dabei unterstützen, ganz konkret zu vergeben.

Mach mal

Probiere eine der drei Varianten aus, um Vergebung zu konkretisieren: Ort des Geschehens, Symbole oder unterstützender Mensch.

Vergeben ist schwer. Aber nicht vergeben ist noch viel schwerer.

—Kerstin Hack

Risiken und Nebenwirkungen

Achtung! Ich rate davon ab, zu schnell zu vergeben. Vergebung birgt nicht vorhersehbare Risiken und Nebenwirkungen. Hat man einen anderen Menschen lange durch Anklagen festgehalten, wird es die Dynamik der Beziehung verändern, wenn man die noch offenen Forderungen loslässt. Es kann dazu führen, dass die Beziehung auf einer anderen Grundlage neu weitergeführt werden kann. Es kann aber auch Abschied bedeuten. Wenn einen nicht mehr die erwartete Wiedergutmachung mit dem anderen verbindet, bleibt vielleicht überhaupt nichts Verbindendes mehr übrig.
Durchs Vergeben verliert man auch seinen Opferstatus und damit das Mitgefühl und die Unterstützung mancher Freunde. Oft haben Freunde einen lange im Kampf gegen die Bösewichte unterstützt. Wenn man vergibt, empfinden das manche von ihnen als Verrat.
Nicht zuletzt macht Vergebung eine Neudefinition der eigenen Rolle nötig. Wenn ich nicht mehr Opfer bin, was bin ich dann? Du verlierst etwas, wenn du vergibst. Deshalb lohnt es sich die Risiken und Nebenwirkungen von Vergebung vorher ausführlich in den Blick zu nehmen. Bist du bereit, den emotionalen Nutzen loszulassen, den du bisher dadurch hast, nicht vergeben zu haben? Bist du bereit, das Risiko zu tragen, dass Beziehungen unvorhersehbar anders werden? Die Entscheidung liegt bei dir.

Danke, dass du den Weg durch dieses Quadro mitgegangen bist – ich wünsche dir viel Freude beim Loslassen und Leben.

Denk mal

Überlege anhand einer konkreten Situation: Was musst du aufgeben, wenn du vergibst?

Mach mal

Notiere dir: Welche Situationen haben sich in den letzten Wochen gelöst? Welche möchtest du noch lösen?

Nicht vergessen

■ Diese Gedanken und Ideen sind mir wichtig geworden.
Das will ich keinesfalls vergessen!

■ In der nächsten Zeit will ich folgende Dinge konkret angehen.
Tipp: Beschreibe, was du tun willst, bis wann du es tun willst und was der erste, kleinstmögliche konkrete Schritt dazu ist.

■ **Coaching selbst erleben**
Die Autorin Kerstin Hack bietet Coaching an. Sie unterstützt Menschen, denen Unrecht geschah, bei Lösungsprozessen. Vor Ort in Berlin oder als Telefon-Coaching.

Infos unter: **www.kerstinhack.de**